AF357091

JEAN SANS-TERRE

OU

LA MORT D'ARTHUR.

TRAGÉDIE,

En trois actes & en vers.

Par M. DUCIS, l'un des quarante de l'Académie Françoise.

Représentée, pour la première fois, sur le Théâtre François de la rue de Richelieu, le mardi 28 juin 1791.

A PARIS,

Chez GUEFFIER, Imprimeur-Libraire, quai des Augustins, n°. 17.

M. DCC. XCII.

AVERTISSEMENT.

JE me suis apperçu, aux représentations de cette tragé-
die, lorsqu'elle étoit en cinq actes, que les deux derniers
n'intéressoient que foiblement ; mais c'est le public, que
le sentiment ne trompe jamais, qui m'a ouvert les yeux ;
c'est lui, & lui seul, qui m'a fait connoître cette faute es-
sentielle à laquelle , peut-être, j'ai été entraîné, sans le
savoir , par l'affection même dont je m'étois passionné
pour mon sujet. J'aurois dû penser que , du moment où
Arthur, cet enfant si aimable & si malheureux , est privé
de la vue , c'est, en quelque sorte, pour le public ,
comme s'il étoit privé de la vie. Il semble que la lumière du jour, en s'éteignant pour lui , fasse dispa-
roître, en même temps , l'intérêt de la pièce pour le
spectateur. J'ai donc pris le parti de la resserrer en trois
actes , & de courir , à grands pas , vers mon dénoue-
ment , en hâtant la mort d'Arthur & de sa mère. J'ai
fait périr ce prince par la main du roi, son oncle ; parce
qu'en effet ce roi perfide & barbare , le poignarda lui-
même , & qu'il m'eût été impossible de démentir l'histoire sur un fait aussi connu ; mais j'ai cru devoir le
punir , en quelque façon, en lui faisant annoncer par
Hubert une mort funeste & terrible qu'il trouveroit
dans une coupe empoisonnée ; & j'ai suivi , en cela,
Sakespeare , qui le fait expirer devant les spectateurs,
par ce genre de mort, dans les douleurs les plus cruelles.

On n'ignore point que c'est Sakespeare qui m'a four-
ni la scène où le roi Jean engage Hubert à brûler les

yeux du jeune Arthur avec un fer rouge, & celle où Hubert tâche, mais en vain, d'exécuter cette horrible commiffion. Ces deux fcènes font dignes du pinceau de ce grand poëte, quand il excelle ; & c'eft la feconde de ces deux fcènes où Arthur parle avec tant de charmes & d'éloquence à Hubert, qui m'a comme forcé, par la vive émotion dont elle m'a pénétré, à faire paffer ce fujet fur notre théâtre.

Il ne me refte plus qu'un defir à former : c'eft que l'intérêt du fujet fuffife actuellement pour foutenir, pour animer tout l'ouvrage ; c'eft qu'inftruit par le public d'une faute capitale, j'aie été affez heureux pour la corriger, & couvrir, s'il fe peut, en partie du moins, les autres fautes qui me font échappées. Au refte, je ne puis trop remercier les acteurs qui ont repréfenté cette pièce. Sans parler des talens de chacun d'eux en particulier, & de ce que je leur dois de reconnoiffance, pouvois-je, dans le rôle d'Arthur, de ce jeune prince, à qui je donne dix ou douze ans, fouhaiter une voix plus tendre, une figure plus charmante que celle de Mlle. Simon ? Pouvois-je fur-tout defirer plus de grace, plus d'ame, plus d'intelligence ? Que pouvoit-il me manquer dans le rôle d'Hubert, puifque c'eft M. Monvel qui l'a rendu ? Par quelles nuances délicates fait-il allier les tons les plus voifins du familier avec les accens les plus mâles ou les plus déchirans de Melpomène ! Par quelles reffources prodigieufes fe met-il toujours en mefure avec des moyens foibles, fans jamais rien faire perdre aux effets les plus larges & les plus frappans de la scène tragique! Quelle obligation ne lui ai-je pas dans le personnage d'Hubert! C'est pour Arthur qu'il respire; c'est pour Arthur qu'il craint & qu'il espère. Il ne veille, il ne parle, il ne se tait, il ne dissimule que pour lui. Il est pour lui, dans cette tour funeste, comme une seconde providence, toujours attentif, toujours présent sur les pas d'un tyran soupçonneux & féroce, qui rode dans ses cachots, & semble y flairer ses victimes. Quelle affection! Quelle inquiétude! Quelle vigilance! L'ame d'Hubert ou de M. Monvel est par-tout. Cet acteur extraordinaire sent toutes les passions, se transforme dans tous les personnages. Voilà le secret des Duménil & des le Kain. Comme eux, il répand, de tous côtés & dans les moindres détails, ce charme d'une création perpétuelle, cette énergie douce ou brûlante de la nature, ce feu de la vie qui le consume lui-même, & dont il anime si heureusement ses propres ouvrages.

PERSONNAGES.

JEAN, Roi d'Angleterre, furnommé Jean Sans-Terre. . . . . M. *Talma.*

CONSTANCE, Ducheffe de Bretagne, veuve de Godefroi, frère du Roi Jean Sans - Terre, & mère d'Arthur, fous le nom d'Adèle. Mme *Veftris.*

ARTHUR, jeune Prince, âgé de dix ans, fils de Godefroi & de Conftance, neveu du Roi. Mlle. *Simon*

HUBERT, commandant en chef de la tour de Londre. . . . . . . M. *Monvel.*

NÉVIL, commandant en fecond dans cette tour. . . . . . M. *Chatillon.*

KERMADEUC, vieillard Breton. M. *Defrofières.*

Un OFFICIER. . . . . . M. *Sinclair.*

Un SOLDAT.

PERSONNAGES MUETS.

GARDES DU ROI JEAN.
TROUPE DE SOLDATS.
PEUPLE.

La fcène eft en Angleterre, dans la tour de Londre.

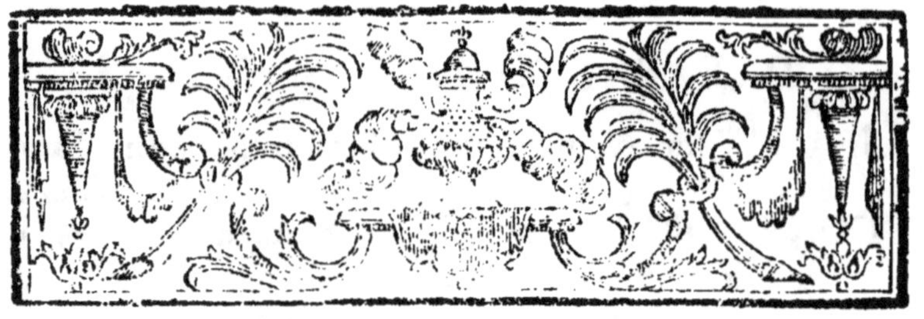

JEAN SANS-TERRE

OU

LA MORT D'ARTHUR.

TRAGÉDIE.

ACTE PREMIER.

Le Théâtre repréfente une grande falle de la Tour de Londre, fur laquelle ouvrent plufieurs prifons.

SCENE PREMIERE.

HUBERT *feul.*

LE Roi paroît troublé. Que craint-il? Et pourquoi
Veut-il s'entretenir avec Névil & moi ?
Affiégé de terreurs , tremblant pour fa couronne ,
Eft-ce encor des complots, des forfaits qu'il foup-
    çonne ?
Haï de fes fujets, timide & furieux ,
Tout eft piége , révolte ou poignard à fes yeux.

A

Triste sort d'un tyran mal sûr du diadême!
Plus son peuple frémit, plus il frémit lui-même.
Faut-il qu'en cette tour, devoir trop rigoureux!
J'observe de si près les pleurs des malheureux!
N'importe: demeurons dans ce séjour du crime.
Peut-être j'y pourrai sauver quelque victime.
Auprès d'un Roi cruel, de son peuple ennemi,
L'innocence à toute heure a besoin d'un ami.

SCENE DEUXIEME.

HUBERT, LE ROI JEAN, NÉVIL; GARDES.

Le Roi.

A ses Gardes.

SORTEZ.

Ils se retirent.

De cette tour, Hubert, ma confiance
Vous remit dès long-temps la garde & la défense.
Vous, Névil, dans ce fort vous commandez sous lui:
J'y viens chercher moi-même un azile aujourd'hui.

Il s'assied. Hubert & Névil prennent place à ses côtés.

Parmi ces prisonniers qu'il faut craindre sans doute,
Il en est un sur-tout, amis, que je redoute, ·

HUBERT.

Et qui?

Le Roi.

Ce jeune Arthur, le fils de Godefroi,
Ce seul fils de mon frère, & qui crut être Roi.

NÉVIL.

Ciel, qu'entens-je ! En mourant, quoi, Richard,
 votre frère,
N'a-t-il pu vous léguer le sceptre d'Angleterre ?
A son neveu, sans doute, il vous a préféré ;
Mais il en eut le droit, & ce droit est sacré.
Seul, entre Arthur & vous, du sceptre il fut l'arbitre.
Son testament enfin n'est-il pas votre titre ?
Couronné sous nos yeux, sur votre trône assis,
Vos droits depuis long-temps ne sont plus indécis.
A la mort de Richard, s'il eût vu la lumière,
Godefroi, votre aîné, succédoit à son frère.
Sans débâts sur le trône il eût d'abord monté ;
Mais son fils, mais Arthur en put être écarté.
Il le fut par Richard ; &, dès ce moment même,
Son choix a consacré vos droits au diadême.
Et je ne comprends pas comment, dans votre cœur,
Il entre quelque doute ou la moindre terreur.

HUBERT.

Sire, c'est un principe établi sur la terre,
Qu'un fils dans tous ses droits représente son père.
Ainsi, le jeune Arthur, le fils de Godefroi,
Par les droits de son père eût été notre Roi ;
Mais Richard (je le veux) soit raison, soit caprice,
Vous a transmis son rang sans blesser la justice.
Oublions le passé : mais n'entendez-vous pas,
Pour réclamer Arthur, le vœu de ses états ?
Vous-même examinez, voyez ce qu'ils prétendent ;
C'est leur prince, leur duc que leurs cris redemandent.
Ah ! c'est le retenir trop long-temps parmi nous.
Il est à ses sujets, Sire, il n'est point à vous.
Rendez-leur cet enfant.

A 2

N é v i l.

Mon avis eſt contraire.
Arthur eſt de la paix un garant néceſſaire.
Dans les plaines d'Anjou quand votre bras guerrier
Vainquit ſes généraux, l'arrêta priſonnier,
Riche d'un tel ôtage, & dédaignant la gloire,
Vous vîtes, dans lui ſeul, le fruit de la victoire.
Dans Londre, ſur vos pas, vous l'avez amené ;
Songez comme on plaignit ce prince infortuné,
Comme on voulut bientôt vous enlever ce gage.
De ſes ſujets, dit-on, ce complot fut l'ouvrage.
Plus d'un Breton alors fut jeté dans la tour.
Il faut d'un tel complot craindre encor le retour.
Vous connoiſſez ce peuple. Ici, tout eſt orage.
Ce prince eſt dans vos mains, gardez cet avantage.
On peut vouloir encore l'enlever aujourd'hui,
Et cette tour, du moins, vous répondra de lui.

H u b e r t.

Sire, hé quoi, cet enfant (je vous parle ſans feinte
Peut-il à votre cœur inſpirer tant de crainte ?
De lui ſi quelque choſe étoit à redouter,
Ce ſeroit ſon malheur qu'on aime à raconter.
Sire, m'en croirez-vous ? Senſible à ſa miſère,
Rendez-lui, ſans tarder, les Etats de ſa mère.
Qu'il retourne en Bretagne, où ſes triſtes ſujets
L'appellent chaque jour par leurs juſtes regrets.
Si Conſtance reſpire, après ſa longue abſence,
Elle ira, près d'un fils, bénir votre clémence,
Sans vouloir vainement défendre, à l'avenir,
Des droits qu'elle abandonne & ne peut ſoutenir.

L e R o i.

Hé bien ! c'eſt cet enfant qu'il faut que je redoute.
Ce n'eſt point un vain bruit, une erreur que j'écoute.

On en veut à mon trône; on vient de m'informer
Qu'en sa faveur bientôt un parti doit s'armer.

N é v i l.

Et que prétendroit-il? Croit-on que l'Angleterre
Place au trône un enfant privé de la lumière ?
Car enfin c'est un bruit qui, par vos soins semé,
S'est répandu par-tout, & par-tout confirmé.
Sire, ce bruit heureux, quoiqu'il soit infidèle,
Eteindra des Anglois & l'amour & le zèle.
Ne vous alarmez point. Quel que soit ce parti,
Vous savez leur complot, il est anéanti.

L e R o i.

Mais le peuple est extrême & facile à séduire.

N é v i l.

Il lui faut plus d'un jour pour vous ôter l'empire.

H u b e r t.

Il s'emporte aisément.

N é v i l.

    Il obéit toujours.

H u b e r t.

Mais, vous n'avez pas, Sire, entendu leur discours.
Quand Arthur est exclus du trône d'Angleterre,
Hé pourquoi, disent-ils, lui faire encore la guerre ?
Falloit-il que son oncle, outrageant leur destin,
S'armât contre une veuve & contre un orphelin ?
Né du sang de nos Rois, est-ce pour la misère,
Pour les murs d'un cachot qu'Arthur est sur la terre ?
Qu'a donc fait cet enfant, ce prince infortuné ?
Hélas ! est-ce un forfait pour lui que d'être né ?
Dix ans, voilà son age ; & sa triste paupière

N'ouvre plus dans ſes yeux paſſage à la lumière.
Ses yeux, quand le jour luit, privés de ſon flambeau ;
Semblent déja couverts de la nuit du tombeau.
Encore ſi ſa mère, en aidant ſa foibleſſe,
Donnoit à cet enfant ſes ſoins & ſa tendreſſe.
Mais elle eſt loin de lui, ſans aſile, ſans cour.
C'eſt en vain qu'il l'appelle, en appellant le jour.
Ainſi, ce bruit trompeur qu'a ſemé votre adreſſe,
Le rend encor plus cher, touche, émeut, intéreſſe :
Et les mères ſur-tout, en regardant les cieux,
Ne le nomment jamais que les larmes aux yeux.
Non, Sire, le pouvoir, la force n'eſt pas ſûre.
Craignez d'aigrir les cœurs & d'armer la nature.
Renvoyez en ſecret ce prince en ſes états.
La juſtice le veut, ne la repouſſez pas.

L E R O I.

Il n'eſt pas temps encore. Hubert, je vais attendre
Un de ces factieux qu'on doit bientôt ſurprendre.

Il ſe ième.

Vous, Névil, ſuivez-moi. Vous, Hubert, de ce pas ;
Allez voir cet enfant & ne l'inſtruiſez pas.
Tous ſes droits incertains & qu'on agite encore,
Il eſt à ſouhaiter, Hubert, qu'il les ignore.
Qu'aucun autre que vous ne s'approche de lui.

Il ſort avec Névil.

SCENE TROISIEME.

H U B E R T *ſeul.*

Cher Arthur, quel ſera ton deſtin aujourd'hui ?
Croirai-je enfin pour toi que le ciel ſe déclare ?

Mais hélas ! je crains tout d'un Roi sombre & barbare.
Noble & jeune captif qu'on prive de son rang,
A quoi tiennent tes jours ? A la peur d'un tyran.
Va, je te servirai jusqu'à ma dernière heure.

En regardant la porte de sa prison.

O le sang de mes Rois, est-ce-là ta demeure ?
Dieu ! souftrais son enfance à de perfides coups !
Mais ouvrons. Ma main tremble.

SCENE QUATRIEME.

HUBERT, ARTHUR.

ARTHUR.

AH, cher Hubert, c'est vous !
Savez-vous de ma mère au moins quelque nouvelle ?

HUBERT.

Non. Je n'ai rien appris, & tout se taît sur elle.

ARTHUR.

Tout se taît !

HUBERT.

Vous pleurez.

ARTHUR.

Ah ! je tremble toujours.
Daigne le ciel la plaindre & veiller sur ses jours !
Mais pour moi, cher Hubert, hélas ! je lui demande
De me laiffer mourir.

A 4

HUBERT.

                Votre tristesse est grande:
Vous haïssez donc bien cette sombre prison ?

ARTHUR.

Jugez vous-méme, Hubert ; voyez si j'ai raison.
Dites : n'est-il pas dur , quand le ciel me fit naître
Pour vivre en un palais , libre , heureux & sans maître,
D'être ainsi sous ces murs ? Ah! sans vos soins si doux ,
Je serois mort cent fois.

HUBERT.

                Mais vous m'aimez donc, vous ?

ARTHUR.

Si je vous aime! --Hubert, quand je vous vis paroître ,
Je n'étois pas d'abord jaloux de vous connoître.
Mais lorsque j'eus enfin pu lire dans vos yeux …

HUBERT.

Hé bien ! qu'y vîtes-vous ?

ARTHUR.

                Je rendis grace aux cieux.
J'y lus qu'un jour (mon cœur m'avertissoit d'avance)
Vous m'aimeriez.

HUBERT.   *A part.*

Sans doute. O l'aimable innocence !

ARTHUR.

Dites-moi, cher Hubert , avez-vous des enfans ?

HUBERT.

L'hymen ne m'a jamais fait de si chers présens.

A R T H U R.

Ah ! Je les euſſe aimés. Oubliant mes misères,
J'aurois, parmi nos jeux, cru vivre avec mes frères.
Hubert.....

H U B E R T.

Vous m'obſervez.

A R T H U R.

Je penſe que vos traits
Montrent toujours votre ame & n'ont trahi jamais.

H U B E R T.

Et ceux du Roi ?

A R T H U R.

Du Roi ?

H U B E R T.

Dites.

A R T H U R.

Puis-je connoître...
Hubert... ſi...

H U B E R T.

Répondez. Ils vous font peur, peut-être ?

A R T H U R.

O ſi quelque ennemi l'animoit contre moi !
Si je pouvois, Hubert, m'échapper !

H U B E R T.

A part.

Ciel ! Hé quoi !

Y songiez-vous , Arthur ?

ARTHUR.

Ah ! Déja dans moi-même...
J'ai regardé par-tout, &...

HUBERT.

Prince, je vous aime.
Gardez-vous d'y penser. Prenez garde. Le Roi...

ARTHUR.

Il me tueroit peut-être , Hubert ! oui , je le croi.
Si pourtant vous m'aidiez......

HUBERT.

Silence ! Il faut se taire.

A part.

Non , jamais, ce bonheur nous ne l'aurons.

ARTHUR.   *A part.*

J'espère.
Vous venez de vous dire , à vous-même, à l'instant :
« Non : jamais ce bonheur nous ne l'aurons ».

HUBERT.

Comment !

ARTHUR.

Oui : vous avez dit nous. Oh ! Si j'osois tout dire !...

HUBERT.

Hé bien , Arthur ! Parlez. Vous devez m'en instruire.

ARTHUR.

Mais votre bouche , au moins , n'en parlera jamais,

A mon oncle fur-tout.

HUBERT.

Oui, je vous le promets.

ARTHUR.

Il me faut un ferment, je le veux.

HUBERT.

A part.
Quel myftère!

Un ferment, & par qui?

ARTHUR.

Jurez-moi par ma mère.

HUBERT.

Oui : je jure par elle. Allons, inftruifez-moi.

ARTHUR.

Ah ! c'eft le ciel, Hubert, qui m'infpira, je croi.

HUBERT.

Parlez.

ARTHUR.

Dans mon berceau, ma mère, à ma naiffance,
Se plût, d'un don bien cher, à parer mon enfance,
D'une croix que toujours, fidèle à fon deffein,
Avec refpect, Hubert, je portai fur mon fein.
Elle m'a dit fouvent, lorfque j'ai pu l'entendre :
» Puiffe ce figne heureux, mon cher fils, te défendre,
» Te protéger toujours » ! Dans ma captivité,
Un efpoir à mon cœur enfin s'eft préfenté.

HUBERT.

J'entends.

ARTHUR.

Sur cette croix, pour me faire connoître,
J'ai gravé ces trois mots qui toucheront peut-être,
Anglois, sauvez Arthur !

HUBERT.

Et l'avez-vous ?

ARTHUR.

Oh non !
Je l'ai fait aussi-tôt tomber de ma prison.

HUBERT.

Quel étoit votre espoir ?

ARTHUR.

Qu'un mortel, né sensible,
Tel que vous, cher Hubert, de cette tour horrible,
Avec quelques amis, voudroit bien me tirer.

HUBERT.

Arthur, à cette erreur n'allez pas vous livrer.

ARTHUR.

Oui, vous avez raison. Ah! s'il étoit possible!
Si ces pierres, ce mur n'étoit pas insensible!
Mais d'où viennent mes pleurs? Qui les fait donc couler?
Votre main, cher Hubert! Je sens mon corps trembler.
La mort est sur mes pas, la terreur m'accompagne.
Oh! si vous m'emmeniez au fond de la Bretagne!
Si notre fuite..... Hubert, ayez pitié de moi.
Voyez à vos genoux le fils de Godefroi,
Le sang des souverains.

H U B E R T.

On vient, cachez vos larmes.

A R T H U R.

Hubert! Mon cher Hubert!

H U B E R T.

Rentrez.
Il le renferme dans sa prison.

SCENE CINQUIÈME.

H U B E R T *seul.*

Avec quels charmes
Il vient de me parler! O mon Dieu! si ta croix
Pouvoit de sa prison le tirer cette fois!
C'est toi qui dans les fers inspirant son enfance,
Lui fis, par cette croix, tenter sa délivrance;
Ton œuvre est commencée, achève, éclate enfin!
Ne t'es-tu pas nommé le Dieu de l'orphelin?
O si ta croix tombée entre des mains fidelles.....

SCENE SIXIEME.

HUBERT, LE ROI JEAN.

L E R O I.

On vient de découvrir le chef de ces rebèles.
Sous ces murs, par mon ordre, on l'amène enchaîné.
Dans les états d'Arthur on prétend qu'il est né.

C'eſt un mortel ſans nom, courbé par la vieilleſſe.
Sa bouche avouera tout par crainte & par foibleſſe.
Avec art cependant il faut l'interroger.

HUBERT.

Sire, d'un pareil ſoin vous pouvez me charger.

LE ROI.

Mais il eſt dans ces lieux une femme inconnue,
Parmi les noms obſcurs, dans la foule perdue,
Qui d'un premier complot ſervoit la trahiſon,
Quand un parti d'Arthur attaqua la priſon.
D'autres ſoins occupé, tout ce que j'ai ſu d'elle,
C'eſt qu'elle eſt jeune encore, & qu'on l'a nomme Adèle.
J'aurois pu dans l'inſtant la punir du trépas ;
Mais elle vit, Hubert, je ne m'en repens pas.
Ce chef de conjurés la connoîtra peut-être.
La Bretagne, dit-on, tous deux les a vu naître.
Permets-leur de ma part un facile entretien ;
Entends, ſans être vu, leurs diſcours, leur maintien.
L'un par l'autre, en un mot, tâche de les ſurprendre.
Ah ! c'eſt encor d'Arthur que je dois me défendre.
Cherchons les criminels, découvrons leurs complots ;
Et de leur ſang après faiſons couler les flots.

Il ſort avec Hubert.

FIN DU PREMIER ACTE.

ACTE II.

SCENE PREMIERE.

HUBERT, CONSTANCE, *sous le nom d'Adèle*,
KERMADEUC.

HUBERT.

Étranger, oui, le Roi craint d'être trop sévère,
Et sans doute votre âge adoucit sa colère.
Madame, dès long-temps prisonnière en ces lieux,
Le jour doit à la fin vous paroître odieux.
Le Roi plaint votre sort, & malgré son injure,

A tous les deux.

Il veut vous rendre au moins votre prison moins dure.
Vous pourrez vous parler, &, sous ces murs, tous deux,
Goûter le seul plaisir qui reste aux malheureux.

Il sort.

SCENE DEUXIEME.

CONSTANCE, *sous le nom d'Adèle*,
KERMADEUC.

KERMADEUC.

J'ignore les ennuis que votre ame renferme,
Madame ; mais des miens je touche enfin le terme.
Je sens que chaque jour m'approche du tombeau,
Et du soleil pour moi fait pâlir le flambeau.

La terre me rappelle. Il est temps de lui rendre
Ce corps presque détruit que son sein va reprendre ;
Mais vous, madame, vous! A la fleur de vos ans,
Vous aurez à gémir, à soupirer long-temps.
Dans nos malheurs pourtant, madame, je rends grace
Au destin moins cruel qui près de vous me place.
Quoiqu'ici pour nos jours je craigne avec raison,
Je tremblerois bien plus dans une autre prison.
Vous connoissez Pomfret.

CONSTANCE, sous le nom d'Adèle.

Pomfret! ce lieu terrible ;
Ce château si fatal, sanglant, inaccessible ;
Où tant de grands, de rois ont reçu le trépas ;
Où le tyran nous frappe & ne se montre pas ;
Où tant d'ordres secrets, ou plutôt tant de crimes,
Sans bruit & sans péril immolent ses victimes.
Si le Roi m'envoyoit sous ces murs odieux,
Je crois que de terreur je mourrois à ses yeux.

KERMADEUC.

C'est ici, par pitié, que le ciel nous rassemble.
Dans nos malheurs, du moins, nous gémirons ensemble ;
Mais vos yeux, je le vois, ont versé bien des pleurs ;
Leur éclat fut souvent flétri par les douleurs.
Que je plains votre sort !

CONSTANCE, sous le nom d'Adèle.

Votre pitié me touche.
Hélas! mes longs malheurs m'avoient fermé la bouche.
Qu'il est doux pour ce cœur qui trop long temps s'est tû,
D'entendre encor du moins l'accent de la vertu !

KERMADEUC.

Madame, pardonnez : je me trompe sans doute ;
Mais plus je vous regarde & plus je vous écoute,

Plus

Plus je me fens troublé, plus je crois dans vos traits
Démêler..... Vaine erreur!

CONSTANCE, *fous le nom d'Adèle.*

Ah, parlez!

KERMADEUC.

Non. Jamais
Mes yeux, mes triftes yeux ne reverront Conftance.

CONSTANCE, *fous le nom d'Adèle.*

Quoi! vous la connoiffez?

KERMADEUC.

Hélas! dans fon enfance
Je l'ai vue à fa cour, quand fon père autrefois
A fes nobles Bretons dictoit encor fes loix.
Il n'eft plus; & fa fille, errante, malheureufe,
Dérobe ou traîne au loin fon infortune affreufe.
Ma fouveraine, hélas! n'a plus dans l'univers
Que la fuite, fes pleurs, & peut-être des fers.

CONSTANCE, *fous le nom d'Adèle.*

Vous êtes donc inftruit de toute fa misère?

KERMADEUC.

Le plus grand de fes maux, madame, eft d'être mère.
Ah! Si vous aviez vu, dans des temps plus heureux,
Arthur, fon jeune Arthur, cet enfant généreux,
De graces & d'efprit étonnant affemblage,
Et déja de nos ducs annonçant le courage!
Oui: j'étois prêt pour lui, je ne m'en repens pas,
Dans un projet trop jufte, à braver le trépas.

CONSTANCE, *fous le nom d'Adèle.*

Un projet! Ciel qu'entens-je! (Ecoutez, je fuis mère)

B

Un enfant!.... Ah! parlez, expliquez ce myſtère;
Ne me déguiſez rien.

K E R M A D E U C.

                Madame, écoutez-moi.
Au pied de cette tour, dans un muet effroi,
Je déplorois le ſort de la triſte Conſtance,
Les malheurs de ſon fils, ſon ſort, ſon innocence.
Je cherchois ſous quels murs, facile à s'alarmer,
Son tyran ſoupçonneux avoit pu l'enfermer.
Hélas! eſt-il vivant, me diſois-je en moi même.
Tandis que m'égarant dans ma triſteſſe extrême,
Je laiſſois mes regards, errant ſur leurs contours,
Parcourir l'épaiſſeur de ces antiques tours,
J'y découvris dans l'ombre une étroite ouverture,
Par où, dans ces cachots, ranimant la nature,
Le ſoleil, chaque jour, vient, par ſes premiers feux,
Conſoler la langueur & l'œil du malheureux,
Du malheureux qui ſemble oublier ſa miſère,
Et du moins un moment ſourit à ſa lumière.
Une main en jetta, prompte à ſe dérober,
Un objet inconnu que mon œil vit tomber.
Je cours. Ciel, qu'apperçois-je! ô fortuné préſage!
De la foi des chrétiens le ſacré témoignage,
Une croix ſur laquelle, immobile & ſurpris,
En cachant mes tranſports, je lus ces mots écrits.

C O N S T A N C E, *ſous le nom d'Adèle.*

Hé bien! quels ſont ces mots? Hâtez-vous de répondre.

K E R M A D E U C.

Anglois, ſauvez Arthur! Vous ſemblez vous confondre.
D'où vous vient tout-à-coup ce promp ſaiſiſſement?

C O N S T A N C E, *ſous le nom d'Adèle.*

Il ſeroit dans ces murs!

K E R M A D E U C.

Et qui donc ?

C O N S T A N C E, *fous le nom d'Adèle.*

Mon enfant,
Arthur, mon cher Arthur.

K E R M A D E U C.

Quoi, c'eft vous! c'eft Conftance!
C'eft vous, ma fouveraine! ô ciel! ô providence!

C O N S T A N C E, *fous le nom d'Adèle.*

Quels étoient vos deffeins, vieillard trop généreux?

K E R M A D E U C.

Tirer votre cher fils de fon cachot affreux,
Armer tous vos Bretons, foulever l'Angleterre,
Le rendre à fon pays, à fon peuple, à fa mère.

C O N S T A N C E, *fous le nom d'Adèle.*

Ah ! je l'avois tenté, ce courageux deffein ;
Le ciel qui l'a trahi, l'avoit mis dans mon fein.
Du moins dans mon malheur, à mon fecret fidelle,
J'ai déguifé mes traits, j'ai pris le nom d'Adèle.
Sous d'humbles vêtemens, dans mon adverfité,
J'ai porté le mépris, des fers, la pauvreté.
Mais je n'en gémis point, puifque mon fils refpire.
Il eft, il eft ici.

K E R M A D E U C.

Tremblez de l'en inftruire.

C O N S T A N C E, *fous le nom d'Adèle.*

L'avez-vous cette croix, cet inftrument facré
Du plus grand des projets, par le ciel infpiré ?

KERMADEUC.

Craignant d'être surpris, ma prudence & mon zèle
L'ont remise à Kerbeck, mon compagnon fidèle.
Cette croix dans ses mains va grossir un parti
Qui, malgré nos revers, n'est point anéanti.
Ce signe des chrétiens soutiendra leur courage.
Oui, j'en conçois l'espoir ; oui, j'en crois mon présage.

SCENE TROISIEME.

CONSTANCE, *sous le nom d'Adèle.*
KERMADEUC. HUBERT.

Hubert paroît tout-à-coup.

CONSTANCE, *sous le nom d'Adèle.*

A Kermadeuc.

O ciel ! qu'avons-nous dit ? Ah, mon fils est perdu !
On sait tout.

HUBERT.

Oui, madame, & j'ai tout entendu.

CONSTANCE, *sous le nom d'Adèle.*

Bas à Kermadeuc.

Hélas ! j'avois déja conçu quelque espérance.

KERMADEUC.

Bas à Constance.

Nous-mêmes nous en avons averti la vengeance.

CONSTANCE, *sous le nom d'Adèle.*

à Hubert.

Ils nous ont entendus, ces murs silencieux.

HUBERT.

Ces murs ont, en tout temps, des oreilles, des yeux.

CONSTANCE, *sous le nom d'Adèle.*

Vous savez de nos maux la déplorable histoire?

HUBERT.

Et si je les plaignois, daigneriez-vous m'en croire?

CONSTANCE, *sous le nom d'Adèle.*

Vous, qui dans cet instant...

HUBERT.

J'ai paru vous trahir;
Mais votre sort me touche, & je viens vous servir.

CONSTANCE, *sous le nom d'Adèle.*

Hélas! que dites-vous? Et sur ce témoignage...

HUBERT.

De ma sincérité desirez-vous un gage?
Je veux moi-même ici seconder vos desseins,
Délivrer votre fils, ce vieillard que je plains;
Vous sauver tous les trois.

CONSTANCE, *sous le nom d'Adèle.*

Qu'entends-je! Puis-je craindre
Que si long-temps, hélas! vous consentiez à feindre?
Par de cruels devoirs, à votre état lié,
Vous êtes donc encore sensible à la pitié?

HUBERT.

Ne suis-je pas un homme?

CONSTANCE, *sous le nom d'Adèle.*

Ah! jamais sur la terre,
Les tyrans n'éteindront ce sacré caractère.
Avec ce sentiment, hélas! tout cœur est né,
L'homme gémit par-tout sur l'homme infortuné.

KERMADEUC.

Comment nous échapper de cette tour funeste?

HUBERT.

J'y commande, il suffit. Je me charge du reste.

CONSTANCE, *sous le nom d'Adèle.*

Ah! plaignez les terreurs d'un vieillard consterné
Que vos rares bienfaits ont d'abord étonné.
Oui, vous allez sans doute achever votre ouvrage.
Pourtant, si vous vouliez m'en donner quelque gage,
Si vous sentiez combien, dans ce cœur palpitant,
S'irrite le désir d'embrasser mon enfant!

HUBERT.

Non. Je vous ai compris. Perdez cette espérance.

CONSTANCE, *sous le nom d'Adèle.*
Bas à Kermadeuc.

Sa voix m'a fait frémir. Que faut-il que je pense?
à Hubert.
Puis-je au moins dire un mot & vous interroger?
Etes-vous père?

HUBERT.

Moi! ce nom m'est étranger.

CONSTANCE, *sous le nom d'Adèle.*
à part.

Je n'en obtiendrai rien. Du moins, si votre adresse

M'aidoit à soulager le vœu de ma tendresse !
Un moment, sous ce voile, immobile témoin ,
Si je pouvois le voir & l'entendre de loin !
Ce bonheur sur mes maux répandroit quelques charmes,
Je me dirois du moins, en répandant des larmes ,
Je suis donc mère encor ! C'est mon fils que je vois.
Voilà son air , son port & son geste & sa voix.
Hélas ! vous méritiez sans doute d'être père.
Sa prison n'est pas loin. Vous voyez, je suis mère.
Oh! daignez seulement ne pas me le cacher.
Me refuserez-vous ?

HUBERT.

Je vais vous le chercher.

Il sort.

SCENE QUATRIEME.

CONSTANCE, *sous le nom d'Adèle.*
KERMADEUC.

CONSTANCE, *sous le nom d'Adèle.*

AUPRÈS des malheureux, sous ces voûtes terribles ,
Le ciel a quelquefois placé des cœurs sensibles. ,
Il a plaint nos malheurs , il ne peut nous trahir.

KERMADEUC.

Non , je ne le crois pas.

CONSTANCE , *sous le nom d'Adèle.*

Il cède à mon desir.

Je vais revoir mon fils.

KERMADEUC.

Mais de votre tendresse,

Madame, en ce moment, rendez-vous la maîtresse.

B 4

CONSTANCE, *sous le nom d'Adèle.*

Je la serai.

KERMADEUC.

L'on vient.

CONSTANCE, *sous le nom d'Adèle.*

Je tremble.

KERMADEUC.

       Ah, dans ces lieux,
Sous ce voile, avec soin, cachez-vous à ses yeux.

Elle se retire dans un enfoncement.

SCENE CINQUIEME.

CONSTANCE, *sous le nom d'Adèle.*
KERMADEUC. HUBERT. ARTHUR.

Hubert amène le jeune prince.

ARTHUR.

à Kermadeuc.

VIEILLARD, vous dont j'honore & l'âge & la sagesse,
Est-il vrai qu'à mon sort votre cœur s'intéresse ?

KERMADEUC.

Souffrez qu'avec respect, & touchant votre main,
Je m'incline, en pleurant, devant mon souverain.

ARTHUR.

Que faites-vous ? hélas ! dans l'état où nous sommes,
Le ciel me dit assez qu'il fit égaux les hommes.
C'est bien plutôt à moi, par de justes tributs,
D'honorer le premier votre âge & vos vertus.
La Bretagne, vieillard, dit-on, vous a vu naître.

Mais pour moi, j'ai perdu l'espoir d'y reparoître.
Mon peuple est-il heureux ?

KERMADEUC.

Il sent tous vos malheurs,
Et le seul nom d'Arthur lui fait verser des pleurs.

ARTHUR.

à part.

Qu'il est doux d'être aimé ! Sentiment plein de charmes !
Si je pouvois, un jour, les payer de leurs larmes !
J'eus une mère, hélas ! vous avez vu sa cour.
On ne sait ni son sort, ni quel est son séjour.
Peut-être elle n'est plus.

KERMADEUC.

Pourquoi perdre espérance ?
Le ciel peut vous la rendre, & plutôt qu'on ne pense.

ARTHUR.

Quel bonheur ! cher Hubert, l'espérez-vous aussi ?
Je voudrois bien la voir, mais ce n'est pas ici.
Dites-moi : pensez-vous qu'elle respire encore ?

HUBERT.

Je vous l'ai déja dit, tout son peuple l'ignore.

ARTHUR.

Ah ! si...

HUBERT.

Rassurez-vous.

ARTHUR.

Si tel est mon malheur,
Je n'ai plus, cher Hubert, qu'à mourir de douleur.
Ma mère !

CONSTANCE, *sous le nom d'Adèle.*

O Dieu!

ARTHUR.

Ma mère !

CONSTANCE, *sous le nom d'Adèle.*

O contrainte cruelle !

ARTHUR.

Viens près de moi.

CONSTANCE, *sous le nom d'Adèle.*

Je meurs.

ARTHUR.

C'est Arthur qui t'appelle.

CONSTANCE, *sous le nom d'Adèle.*

Hé bien ! courons..... Je cède à mon saisissement.

HUBERT.

Bas.

Contenez ces transports.

CONSTANCE, *sous le nom d'Adèle.*

O constance! ô tourment!

Arthur ! mon cher Arthur !

ARTHUR.

Que viens-je ici d'entendre ?

CONSTANCE, *sous le nom d'Adèle.*

Bas.

C'est ta mère.

HUBERT.

Bas.

Arrêtez.

CONSTANCE, *sous le nom d'Adèle.*

Je ne puis m'en défendre.

HUBERT.

à Kermadeuc.

J'entends du bruit. On vient. Allons : retirez-vous.

à Arthur.

Suivez-moi, je le veux. Madame, laissez-nous.

Elle sort cachée sous son voile, & regardant toujours
son fils.

SCENE SIXIEME.

HUBERT *seul.*

Ils sont sortis. Ce bruit m'aura trompé peut-être.
Non : d'un si doux transport mon cœur n'est plus le
　　maître.
Quelle mère ! & quel fils ! Qu'apperçois-je ? le Roi !

SCENE SEPTIEME.

HUBERT. LE ROI.

LE ROI.

Mon chagrin, cher Hubert, m'amène près de toi.

HUBERT.

Quoi donc ?

LE ROI.

De l'amiral la triste mort s'approche.
Peut-être n'est-il plus. — Je me fais un reproche.

HUBERT.

Sur quoi ?

LE ROI.

Lorsque toujours tu m'as si bien servi,
C'est de n'avoir encor rien fait pour mon ami.

HUBERT.

J'ai rempli mon devoir quand je vous fus fidèle.

LE ROI.

Tous nos sujets pour nous n'ont pas le même zèle.
Laisse-moi faire, Hubert : oui, bientôt, je le vois,
Je pourrai m'acquitter de ce que je te dois.
Hé bien ! ces prisonniers ? cette femme inconnue,
Quelle est-elle ?

HUBERT.

Je l'ai long-temps entretenue,
C'est une femme obscure, & foible, & sans secours,
Dans l'ombre & dans l'oubli traînant ici ses jours.
Quand on voulut d'Arthur vous arracher l'enfance,
De ce premier complot on lui fit confidence ;
Et dès qu'il fut connu, vos ordres, dans ces lieux,
L'ont, dans le même instant, souftraite à tous les yeux ;
Des projets avortés d'une troupe imprudente,
J'ose vous en répondre, elle étoit innocente.
Vous pourriez, moins sévère, & sans crainte aujourd'hui,
Par pitié pour tous deux, la laisser près de lui.

LE ROI.

Mais ce vieillard ?

HUBERT.

Je n'ai rien tiré de sa bouche ;
Il se taît froidement sur tout ce qui le touche.

LE ROI.

Il faut, mon cher Hubert, les observer tous deux.

H U B E R T.

Sire, plus que jamais je veillerai sur eux.

LE ROI.

Mais en douté-je, Hubert ? N'ai-je pas vu ton zèle ?
Par-tout, dans tous les temps, tu m'es resté fidèle.
Mon ami, je le sais : je peux compter sur toi.
Névil cherche à me plaire, il feroit tout pour moi.
De mes moindres chagrins il comprendroit la cause.
Mais, Hubert, c'est sur toi que mon cœur se repose.
Sur toi.---Je t'aime, Hubert.

H U B E R T.

Croyez, Sire.....

LE ROI.

Aujourd'hui,
Si mon front t'a paru triste & chargé d'ennui,
Ce n'est pas sans sujet, la foudre est sur ma tête.
Déja, pour m'assurer d'un port dans la tempête,
J'ai doublé les soldats, les postes de la tour ;
J'en ai fait mon rempart, mon espoir, mon séjour.
Avec Névil & toi j'en défendrai la porte.
Je veux qu'aucun mortel n'y pénètre & n'en sorte.

H U B E R T.

Que craignez-vous ?

LE ROI.

Le peuple examine mes droits.
Il a souvent exclus, repris, chassé ses rois.
Ce peuple, ces complots, ce vieillard, tout me gêne.
J'entends l'Anglois qui gronde & frémit dans sa chaîne.
C'est cet Arthur encor que l'on veut délivrer.

H U B E R T.

Ah ! pour lui vainement on ose conspirer.

L e R o i.

Malheur aux criminels, leur péril eft extrème.
Je ne fuis point encor laffé du diadême.

H u b e r t.

Mais vous règnez.

L e R o i.

Hubert, je vois fur mon chemin
Un ferpent qui.....

H u b e r t.

Parlez.

L e R o i.

Qui m'épouvante.

H u b e r t.

Enfin ?

L e R o i.

Qui s'accroît tous les jours... Qui vit dans ce lieu même..
Que tu connois.

H u b e r t.

Arthur ?

L e R o i.

C'eft lui. Le rang fuprème ,
Le jour, tant qu'il vivra , me feront odieux.
Je crois le voir , l'entendre , à toute heure , en tous lieux.
Il faut de ce tourment qu'enfin je me délivre.

H u b e r t.

Vous voulez donc fa perte , & qu'il ceffe de vivre ?

LE ROI.

Oh non ! je ne veux point ordonner son trépas.
Il n'est point nécessaire.

HUBERT.

               Il ne mourra donc pas ?
Mais..... quels sont vos desirs ?

LE ROI.

               Tu sais que l'Angleterre
Croit ses yeux dès long-temps fermés à la lumière ;
Qu'il ne peut plus régner. Si, combattant pour lui,
Le peuple dans la tour me forçoit aujourd'hui ;
S'il voyoit, d'un faux bruit reconnoissant la fable,
Que de régner sur eux il est encor capable ;
Par son amour pour lui, par sa haine pour moi,
Arthur, n'en doute pas, seroit bientôt leur Roi.
Il faut, mon cher Hubert, sans que rien nous retienne
Il faut que ce faux bruit...

HUBERT.

Achevez.

LE ROI.

                   Qu'il devienne
Vrai, vrai. Tu m'as compris ; tu peux tout dans ce lieu ;
Tu ne veux point sa mort. Sauve ton maître. Adieu.

Il sort.

SCENE HUITIEME.

HUBERT *seul.*

L'AI-JE bien entendu ! C'est-là ce qu'il desire.
Un enfant !.. Quelle horreur !.. A peine je respire.

Par quels détours..... ô ciel, il a cru me gagner !
Un semblable forfait peut-il s'imaginer ?
Arthur, dans ta prison, pour charmer ton enfance,
Il te restoit, du moins, le jour & l'espérance.
Le jour ! ce bien si cher ! Comment, ô justes cieux !
Comment porter le fer dans de si jeunes yeux !
Cette idée... O terreur ! Je frémis, je m'égare.
Loin de moi, tout-à-coup il a fui, ce barbare ;
Il a craint que... Courons : cherchons à le toucher.
Calmons sur-tout sa peur prompte à s'effaroucher.
Qui sait... Peut-être... Allons. Arthur, dans ta misère,
Dieu m'a donné pour toi des entrailles de père.
Mais ce n'est point assez : dans un péril si grand,
O ciel ! apprends-moi l'art de fléchir un tyran.

Il fort.

FIN DU SECOND ACTE.

ACTE III.

ACTE III ET DERNIER.

SCENE PREMIERE.
HUBERT.

Quoi! je trouve par-tout un obstacle invincible!
Le Roi fuit mes regards, ce monstre est invisible.
Je n'ai pu lui parler; Névil est avec lui.
Cher Arthur, c'est ta mort qu'on prépare aujourd'hui.
De quelques jours du moins s'il différoit son crime,
Je parviendrois peut-être à sauver la victime.
Mais il est inquiet, défiant, soupçonneux.
S'il se chargeoit lui seul du ministère affreux...
Oui, c'est la mort d'Arthur qu'il demandoit peut-être.
Et Névil, instrument des desirs d'un tel maître,
Névil, ce courtisan de la faveur épris,
Qui court à la fortune & l'achète à tout prix;
S'il trouvoit, ce Névil, un moment si funeste,
Le Roi n'a qu'à parler, par un mot, par un geste,
Il y verra d'Arthur l'arrêt & le trépas.
Il briguera ce meurtre, & n'hésitera pas.
Je n'en saurois douter, si tu ne perds la vue,
O mon prince, tu meurs, & c'est moi qui te tue.
Oui, par pitié... Je dois, il le faut... Non, jamais.
Soleil, cache le jour à de pareils forfaits!
Cher enfant!.. Il s'approche. Ah! contre tant de charmes,
Dans mon cœur déchiré, comment trouver des armes!
Que faut-il faie, ô ciel!

SCENE DEUXIEME.
HUBERT, ARTHUR.

ARTHUR.

Que ce moment m'eſt doux !
Ma joie, en vous voyant, renaît auprès de vous.
Vous ètes triſte, Hubert !

HUBERT.

Oui.

ARTHUR.

D'où vient ce nuage ?
J'ai cru que j'avois ſeul la triſteſſe en partage.
Si j'étois libre, Hubert, comme un ſimple berger,
Aucun chagrin, je crois, ne viendroit m'affliger.
Je vivrois, même ici, content & ſans me plaindre.
Mais mon oncle me craint, je dois auſſi le craindre.
Hélas ! qu'ai-je donc fait ? Eſt-ce ma faute à moi,
Hubert, ſi je ſuis né le fils de Godefroi ?
Ah ! plût au ciel, Hubert, que vous fuſſiez mon père !
Car vous m'aimeriez, vous.

HUBERT.

Moi !

ARTHUR.

Quel regard ſévère !
Vous aurois-je offenſé ?

HUBERT.

Non.

ARTHUR.

Pourquoi donc, hélas !

Votre œil eſt-il changé , ſi le cœur ne l'eſt pas?
D'où vient donc que pour moi vous n'êtes plus le même?
N'aimez-vous plus Arthur autant qu'Arthur vous aime?

HUBERT.

Qui vous a dit.....

ARTHUR.

Sur moi tournez des yeux plus doux ;
Les miens ſe plaiſent tant à s'arrêter ſur vous.

HUBERT.

A part.

O douleur! ô pitié!

ARTHUR.

Vous avez quelque peine ;
Hubert, j'en ſais la cauſe, & crois que c'eſt la mienne.

HUBERT.

Comment?..

ARTHUR.

Dans ma priſon, au travers de ces murs ,
Où l'œil peut pénétrer par des détours obſcurs,
J'ai vu.....

HUBERT.

Quoi?

ARTHUR.

(La terreur eſt encor dans mon ame)
Un fer que des ſoldats rougiſſoient dans la flamme.
Eſt-il vrai, cher Hubert? Par ce fer quelquefois
On dit que de la vue on a privé des rois.
Ces ſoldats me font peur ; leur front dur & barbare...
Hélas ! dans cette tour qu'eſt-ce donc qu'on prépare?

SCENE TROISIEME.

HUBERT, ARTHUR, DEUX SOLDATS.

Ces deux soldats paroissent tout-à-coup.

ARTHUR.

Les voilà ! Cher Hubert, sauvez-moi ! Justes cieux !
Je crois qu'en ce moment ils m'arrachent les yeux.

UN SOLDAT.

Faudra-t-il le lier ?

ARTHUR.

Aux soldats.

Je vais être immobile.
Tenez, me voilà doux, soumis, muet, tranquile.
Ah ! ne m'attachez pas. Hubert, défendez-moi !
Je suis le fils d'un prince & le neveu d'un roi.
J'ai perdu mes états, ma liberté, ma mère.
Laissez-moi du soleil voir encor la lumière.
Oh ! laissez-moi mes yeux. Voyez, le feu s'éteint.
Le fer s'est refroidi ; c'est le ciel qui me plaint ;
Ce fer, ce feu, pour moi, n'ont plus rien de terrible.
Hubert, vous qui m'aimiez, seriez-vous insensible ?
Mais non, vous soupirez, votre œil est sans courroux.
Des pleurs... Hubert ! Hubert !

HUBERT.

Soldats, retirez-vous.

ARTHUR.

J'ai revu mon ami. Son cœur vient de se rendre.

H U B E R T.

Aux soldats.

Je me charge de tout. Je crois devoir suspendre,
Pour quelque temps encor, l'ordre que j'ai reçu.

A R T H U R.

Je m'étois bien douté que vous seriez vaincu.

H U B E R T.

Silence !

A R T H U R.

Hubert !

H U B E R T.

Sortez.

A R T H U R.

Hubert !

H U B E R T.

Sortez, vous dis-je ?

Vous, soldats, laissez-nous.

Les soldats emmènent Arthur.

SCENE QUATRIEME.

H U B E R T *seul.*

O charmes ! ô prodige !
Quel cœur à la pitié ne se feroit rendu ?
Mais ce tigre qui veille... Hélas ! il est perdu.
Ah ! si sa mort au roi n'étoit plus nécessaire !
S'il cessoit d'écouter sa frayeur sanguinaire !
Si, dans la crainte enfin de son propre danger,

Il retenoit le fer dont il veut l'égorger !
Que dis-je ? Ai-je oublié qu'il s'arma contre un père,
Qu'il chercha, le perfide, à détrôner son frère,
Richard, qui lui légua, par ce fourbe trompé,
Le sceptre des Anglois sur Arthur usurpé ?
Il craint sans doute, il craint que tout Londre en alarmes,
Pour la mère & le fils ne prenne enfin les armes.
Il va les éloigner ; il va, ce tigre affreux,
Sous les murs de Pomfret les immoler tous deux.
Non, non : à sa pitié je ne dois point m'attendre.
Plus il versa de sang, plus il doit en répandre.
Et depuis quand les rois, par l'orgueil emportés,
Pour un meurtre de moins se sont-ils arrêtés ?
Quel frein enchaîneroit ses barbares caprices ?
Névil, voici l'instant de placer tes services ;
Tu dois en profiter ; mais peut-être qu'ici
Son œil jaloux m'observe… O terreur ! le voici.

SCENE CINQUIEME.

HUBERT, NÉVIL.

NÉVIL.

Monsieur, le Roi, dans vous, voit un sujet fidèle,
Et d'un ordre secret a chargé votre zèle.

HUBERT.

Si cet ordre est secret, Monsieur, qui vous l'a dit ?

NÉVIL.

Le Roi.

HUBERT.

Le Roi !

NÉVIL.

Lui-même.

HUBERT.

A part.
O ciel !

NÉVIL.

Il vous prefcrit
De ne point l'accomplir. Et déja fa prudence
A fait venir, fans bruit, Arthur en fa préfence.
Cet enfant eft à craindre, & dans ces jours d'effroi,
Il peut de quelque trouble inquiéter le Roi.
Si fon péril le veut, fi l'état le demande,
Peut-être il ufera d'une rigueur plus grande.

HUBERT.

Plus grande ! Et la raifon ?

NÉVIL.

On vient de l'informer
D'un bruit qui court dans Londre, & qui doit l'alarmer.

HUBERT.

Hé, quel eft donc ce bruit ?

NÉVIL.

Que Conftance y refpire,
Qu'Arthur a, par le fang, des droits à cet empire.
Si ce bruit fe confirme, (hélas ! je plains fon fort)
Mais le Roi dans l'inftant le condamne à la mort.

HUBERT.

Si ce bruit l'abufoit, s'il n'étoit qu'un vain fonge,
Perdra-t-il un enfant fur la foi d'un menfonge ?

NÉVIL.

Si ce bruit n'eft point vrai, (telle eft fa volonté)
Le premier ordre alors doit être exécuté.

C 4

H U B E R T.

Mais par qui?

N É V I L.

Je l'ignore. Et le Roi veut lui-même
Guider les coups secrets de son pouvoir suprême.
Il a choisi les mains dont il veut se servir.
De ce qu'il aura fait on viendra m'avertir.

SCENE SIXIEME.
HUBERT, NÉVIL, UN OFFICIER.
N É V I L.

A l'officier.

ARTHUR est-il vivant?

L'OFFICIER.

Il vit... mais... je m'égare...
Dans ses yeux.....

H U B E R T.

Juste ciel !

L'OFFICIER.

Hélas! un fer barbare...

H U B E R T.

Mais qui veillera donc, dans ce triste séjour,
Sur cet enfant privé de la clarté du jour?

L'OFFICIER.

Le Roi veut, par vos mains, le confier au zèle
D'une femme inconnue, & que l'on nomme Adèle.

Prisonnière en ces lieux, elle peut aisément
Servir de conductrice à cet illustre enfant.
Auprès de vous bientôt vous la verrez se rendre ;
Pour se charger du prince, & d'un devoir si tendre.
Ce jeune prince, hélas ! se taît dans ses douleurs,
Et de ses yeux flétris verse encor quelques pleurs.
Il souffre sans murmure, il se plaint en silence.
Dans son air, dans son port, dans sa noble constance,
On reconnoît les mœurs, l'esprit de ses ayeux,
Et ce calme innocent qu'il portoit dans les yeux.
On le conduit ici. Votre pitié fidelle
Voudra bien le remettre entre les mains d'Adèle.
Je me retire.

Il sort.

NÉVIL.

Allons : je vais trouver le Roi.

*Il sort en même-temps que l'Officier, mais par un
     autre côté.*

SCENE SEPTIEME.

HUBERT seul.

AI-JE assez contenu mon horreur, mon effroi !
O maintenant, mes pleurs, coulez, sans vous con-
          traindre !
Des regards du méchant vous n'avez rien à craindre.
Dès son aurore, hélas ! ô mon prince ! ô mon roi !
L'astre brillant du jour est donc éteint pour toi !
Est-ce-là l'héritier du sceptre d'Angleterre ?
O ciel ! dans quel état le rendrai-je à sa mère !

SCENE HUITIEME.

HUBERT, CONSTANCE, *sous le nom d'Adèle*,

CONSTANCE, *sous le nom d'Adèle.*

Dois-je croire qu'ici les cieux moins inhumains
Vont remettre, par vous, mon enfant dans mes mains ?
Ciel ! avec quel plaisir ses yeux verront sa mère !
Vous soupirez !

HUBERT.

Madame…

CONSTANCE, *sous le nom d'Adèle.*

Ah ! parlez, quel mystère…

HUBERT.

Je ne puis.

CONSTANCE, *sous le nom d'Adèle.*

Je le veux.

HUBERT.

Vous mourriez dans mes bras.

CONSTANCE, *sous le nom d'Adèle.*

Dans mon cœur, par ce mot, vous portez le trépas.

HUBERT.

Non.

CONSTANCE, *sous le nom d'Adèle.*

Dites-tout, Hubert, & s'il faut que j'expire…..

H U B E R T.

Votre fils.....

C O N S T A N C E, *fous le nom d'Adèle.*

Achevez. Il n'eft plus!

H U B E R T.

Il refpire.
Mais hélas! dans fes yeux (ô crime! affreux féjour)
Un fer rouge & brûlant vient d'éteindre le jour.

C O N S T A N C E, *fous le nom d'Adèle.*

Je me meurs. O mon fils!.. Quel monftre! je fuccombe.
Arthur! mon cher Arthur! mon enfant!

H U B E R T.

Ah! la tombe
Va s'ouvrir pour tous deux.

C O N S T A N C E, *fous le nom d'Adèle.*

Le ciel me vengera.
J'armerai l'Angleterre, & Londre m'entendra.
Frémis, tyran, frémis. On verra mes misères.
Mon enfant dans les bras, j'appellerai les mères.
Je me meurs, je me meurs — O jour, fuis de mes yeux;
Puifque mon cher Arthur ne peut plus voir les cieux!

H U B E R T.

Madame, ah! dans mon fein laiffez couler vos larmes!

C O N S T A N C E, *fous le nom d'Adèle.*

Hubert, eft-il bien vrai? Quoi, fes yeux pleins de
charmes,
Ses yeux, d'un fer barbare ont fenti la rigueur.
Ce fer, ce fer brûlant eft entré dans mon cœur.

HUBERT.

Madame, au nom d'un fils, au nom de la nature;
Par ce ciel qui bientôt va venger votre injure,
Ecoutez le conseil que j'ose vous donner.
Le forfait est affreux ; il me fait frissonner ;
Mais un autre plus grand peut vous attendre encore.
Songez qu'un tigre ici nous cherche & nous dévore.
S'il vous connoît, hélas ! vous verrez dans l'instant
Tomber, sous son poignard, votre fils palpitant.
Vous allez voir ce fils. Contraignez-vous , madame ;
Renfermez vos douleurs, vos sanglots dans votre ame.
Qu'il ignore à jamais, ce prince infortuné,
Que c'est de votre sang , dans ce sein qu'il est né.
A vos traits maintenant il ne peut vous connoître ;
Mais hélas ! votre voix l'avertira peut-être.
S'il s'en souvient encor , s'il en étoit frappé ,
Par vous-même, à l'instant , qu'il en soit détrompé.
Sous les yeux d'un tyran, tremblez qu'une imprudence
Ne découvre sa mère au fer de sa vengeance.
Un seul mot, un soupir peut vous perdre tous deux.
Conservez-vous, du moins , cet enfant malheureux.
Hélas ! à vous aimer vous trouverez des charmes.
Vous guiderez ses pas, il essuiera vos larmes.
Vous paîrez son amour par les plus tendres soins.
Il vivra sans vous voir, mais il vivra du moins.
Allons : efforcez-vous de cacher ce mystère.
Oubliez, s'il se peut, que vous êtes sa mère.
Allons : promettez-moi…

CONSTANCE, *sous le nom d'Adèle.*

Je le promets.

HUBERT.

Grand Dieu !
Son fils va s'approcher , va paroître en ce lieu,
Donnez-lui le pouvoir de cacher sa tendresse !

CONSTANCE, *sous le nom d'Adèle.*

Je le promets. Mon fils !

HUBERT.

Vous l'allez voir, princesse.

CONSTANCE, *sous le nom d'Adèle.*

Mon fils ! mon fils !

HUBERT.

Je sors, & vais vous le chercher.
Il sort.

SCENE NEUVIEME.

CONSTANCE, *sous le nom d'Adèle, seule.*

JE crois déja, je crois l'entendre s'approcher.
Mon Dieu ! si j'ai sur lui placé, dès sa naissance,
Le signe des chrétiens & de notre espérance,
Ce signe dont la foi de ses nobles ayeux
Planta sur ton cercueil l'étendard glorieux,
Hélas ! je n'ai point pu te servir par les armes ;
Mais je mets à tes pieds & mes fers & mes larmes ;
J'y mets un cœur de mère. Ah ! je le sens frémir.
Le voilà. J'ai promis. Dieu, daigne m'affermir !

SCENE DIXIEME.

CONSTANCE, *sous le nom d'Adèle,*
HUBERT, ARTHUR.

ARTHUR *conduit par Hubert.*

CHER Hubert, guidez-moi. Quand il luit sur la terre,
Hélas ! du jour en vain je cherche la lumière.

Demain, à son retour, je ne la verrai pas.
Que ne m'ont-ils plutôt fait souffrir le trépas!
Mais dites, cher Hubert, (au moins, je le desire)
Est-ce vous, dont la main doit ici me conduire?
M'aimerez-vous toujours? Je ne puis vous quitter.

HUBERT.

Cher prince!

CONSTANCE, *sous le nom d'Adèle.*

O ciel!

ARTHUR.

Hubert, qui peut nous écouter?
Oui, l'on a dit, ô ciel! & je viens de l'entendre.
Quelle est donc cette voix & si douce & si tendre?

HUBERT.

C'est la voix d'une femme.

ARTHUR.

Ah! je m'en suis douté.
J'en ai connu d'abord la sensibilité.
Elle souffre peut-être.

HUBERT.

Oui. C'est une étrangère,
Qui gémit comme vous, comme vous prisonnière.

ARTHUR.

Je la plains. Quel sujet l'amène parmi nous?

HUBERT.

Le Roi, pour vous servir, l'attache auprès de vous.

ARTHUR.

Vous me quitterez donc ?

HUBERT.

Ma tendreſſe aſſidue
Reviendra, chaque jour, jouir de votre vue.

ARTHUR.

Vous me le promettez ?

HUBERT.

Oui.

ARTHUR.

Madame, excuſez ;
Je dois aimer Hubert; mais où ſuis-je? ah ! daignez
Me prêter votre main, elle me ſera chère.

En la prenant.

Je crois, en la touchant, m'appuyer ſur ma mère.

CONSTANCE, *ſous le nom d'Adèle.*

De vous, avec plaiſir, prince, je prendrai ſoin.

ARTHUR.

Vous le voyez, madame, hélas ! j'en ai beſoin.

CONSTANCE, *ſous le nom d'Adèle.*

Que pour vous, de pitié, mon cœur ſe ſent atteindre !

ARTHUR.

Si j'étois votre fils, vous ſeriez trop à plaindre.

CONSTANCE, *ſous le nom d'Adèle.*

Si le ciel vous daignoit rendre une mère ?

ARTHUR.

Oh, non,
Je ne la verrois plus.

CONSTANCE, *sous le nom d'Adèle.*

Ah! dans votre abandon,
Je la remplacerai par le plus tendre zèle.

ARTHUR.

Vous êtes mère aussi, vous me tiendrez lieu d'elle.

CONSTANCE, *sous le nom d'Adèle.*

Ah! je la suis déja. Cher prince, à vos malheurs
Je donnerai mes jours, mes nuits, mon sang, mes pleurs.
Dieu! que je suis pour vous loin d'être une étrangère!
Arthur, mon cher Arthur!

ARTHUR.

C'est la voix de ma mère.
J'ai cru, dans cet instant, l'entendre me nommer.

HUBERT.

Prince, que dites-vous?

ARTHUR.

Mon cœur se sent charmer.
Madame... est-il bien vrai?... Je doute si je veille.
Ah! ce nom retentit encore à mon oreille.
Arthur, mon cher Arthur! elle parloit ainsi.
Oui, je cherche ma mère, & ma mère est ici.

HUBERT.

Non, prince, croyez-moi.

ARTHUR.

C'est moi que j'en veux croire.
HUBERT.

H U B E R T.

Vous avez de ſa voix dû perdre la mémoire.

A R T H U R.

Mais, Madame, pourquoi ne répondez-vous pas ?

C O N S T A N C E, *ſous le nom d'Adèle.*

Si j'étois votre mère, hé ! le tairois-je ? — Hélas !

A R T H U R.

Vous l'êtes.

C O N S T A N C E, *ſous le nom d'Adèle.*

Non.

A R T H U R.

Je doute... O ſupplice ! ô myſtère !
Cieux ! rendez-moi le jour pour connoître ma mère.

C O N S T A N C E, *ſous le nom d'Adèle.*

Eh bien ! oui, c'eſt mon nom ; ce ſeul bien m'eſt reſté.
C'eſt ce flanc malheureux, ce ſein qui t'a porté.
Je goûte enfin, mon fils, oubliant toute injure,
Le plaiſir le plus doux qu'on doive à la nature.

A R T H U R.

Ma mère !

C O N S T A N C E, *ſous le nom d'Adèle.*

O mon Arthur ! je peux donc te nommer !

A R T H U R.

Votre Arthur, ſans vous voir, peut encor vous aimer.

H U B E R T.

On vient, cachez vos pleurs, & taiſons ce myſtère.

A R T H U R.

Je veillerai ſur moi, prenez ſoin de ma mère.

D

SCENE ONZIEME.

CONSTANCE, *sous le nom d'Adèle.*
HUBERT, ARTHUR un OFFICIER.

L'OFFICIER.

à Hubert.

LE roi veut vous parler. Il sort d'entretenir
Un nouveau conjuré que l'on vient de saisir.
Jamais son triste front ne fut plus redoutable.
Mais vous, Arthur, Adèle & ce vieillard coupable
Que de fers, dans ces murs, son ordre a fait charger,
Il veut vous voir tous quatre, & vous interroger.
J'ignore son dessein.

Il sort.

SCENE DOUZIEME.

CONSTANCE, *sous le nom d'Adèle.*
HUBERT. ARTHUR.

HUBERT.

O Dieu ! quel peut-il être ?

à Constance.

Emmenez cet enfant. Le tyran va paroître.

SCENE TREIZIEME.

CONSTANCE, *sous le nom d'Adèle.*
HUBERT. ARTHUR. LE ROI.
KERMADEUC. NÉVIL. SOLDATS.

LE ROI, *suivi de Névil & de soldats,*
à Constance & à son fils.

Restez tous deux.

Il fait signe à Névil & aux soldats de
sortir ; Névil & les soldats obéissent.

CONSTANCE, *sous le nom d'Adèle. à part.*

Je tremble.

HUBERT.   *A part.*

O toi, ciel instruis-nous
Pour dérober la mère & le fils à ses coups.

LE ROI.

à Kermadeuc.

Vieillard, de mes soupçons dissipe le nuage.
Je veux te délivrer. Je plains tes fers, ton âge.
Mais je veux être instruit. Je compte sur ta foi.
Que cherchois-tu dans Londre ? Est-ce un asile ?

KERMADEUC.

Moi
Je n'en ai pas besoin.

LE ROI.

Qu'y venois-tu donc faire ?

KERMADEUC.

C'est mon secret.

D 2

LE ROI.

Je veux pénétrer ce myſtère.

KERMADEUC.

Tu ne le ſauras point.

LE ROI.

Les rois, (l'ignores-tu ?)
De ſe faire obéïr ont toujours la vertu.

KERMADEUC.

Je ſais mourir.

LE ROI.

Crois-moi, vieillard dur & farouche,
Les ſupplices bientôt pourront t'ouvrir la bouche.

KERMADEUC.

Je ſais ſouffrir.

LE ROI.

Peut-être. Et le tourment plus fort...

KERMADEUC.

Un Breton brave tout, la douleur & la mort.

LE ROI.

A part.

Nous verrons : réponds-moi. Je pourrai le ſurprendre.
Tout-à-coup.

Connois-tu cette croix que l'on vient de me rendre ?

KERMADEUC.

Moi !.. je ne réponds plus.

LE ROI.

Tu vas mourir. Soldats !

ARTHUR.

Effrayé pour le vieillard.
Ah, mon oncle , écoutez !

LE ROI.

A part
Que veut-il dire ?

ARTHUR.

Hélas

LE ROI.

Enfant , hé quoi , de vous cette croix est connue ?
Touchez-la.

ARTHUR.

Je ne puis en juger par la vue.

La tâtant.
Oui, c'est elle.

LE ROI.

à part.   *Bas.*
Qu'entends-je ? Hubert, écoute bien.

HUBERT.

Bas.
Je suivrai tout par ordre & je ne perdrai rien.

LE ROI.

Jeune prince , approchez. Vous allez tout me dire.
Oui, je n'en doute pas. Allons, il faut m'instruire.
La simple vérité , voilà ce que je veux.

ARTHUR.

Vous n'affligerez point ce vieillard malheureux ?

D 3

LE ROI.

à Constance, sous le nom d'Adèle.

Non. Je vous le promets. Vous frémissez, Madame.

CONSTANCE, *sous le nom d'Adèle.*

J'admirois cet enfant, la bonté de son ame,
L'intérêt qui l'émeut pour ce vieillard.

LE ROI.

Hé bien !

D'où vous vient cette croix ? Parlez.

ARTHUR.

Je m'en souvien,
C'est de ma mère, hélas !

LE ROI.

Oui ; mais je viens d'y lire :
Anglois, sauvez Arthur. Qui sut donc les écrire,
Ces mots ?

ARTHUR.

C'est moi.

LE ROI.

J'entends : mais pour quelle raison ?

ARTHUR.

J'étois las de gémir dans ma triste prison.
Chaque jour augmentoit le poids de ma misère ;
J'y soupirois pensif, j'y regrettois ma mère ;
Je l'appeloi la nuit. Croix sainte, entends mes vœux !
Sauvé, hélas ! lui disois-je, un enfant malheureux.
Un espoir vint me luire ; & , par ma main tracée,
Sur cette croix enfin j'expliquai ma pensée.
De la tour aussi-tôt je la laissai tomber.

LE ROI.

Mais encor, quel espoir avoit pu vous flatter ?
Vouliez-vous des Anglois animer la colère ?

ARTHUR.

Ce projet convient-il, hélas ! à ma misère ?
Je voulois seulement leur rappeler mon nom,
Et ne plus voir enfin les murs de ma prison.

LE ROI.

à Kermadeuc, brusquement.

Cette croix est tombée entre tes mains, perfide ?

KERMADEUC.

Qui te l'a dit ?

LE ROI.

Kerbeck, à qui ta main timide
L'a remise en secret lorsque l'on t'a saisi.
Il m'a tout avoué, ton complice est ici.

KERMADEUC.

Hé bien ! connois-moi donc. Je ne suis point un traître.
J'ai tout fait, je l'ai dû, pour délivrer mon maître.
Je respectois ton trône & ne l'attaquois pas.
Je voulois rendre Arthur, mon prince à ses états.

LE ROI.

Comment règneroit-il, quand, privés de lumière,
Ses yeux. . . . ?

KERMADEUC.

Va, nous l'aimons ; sa race nous est chère.
N'a-t-il pas pour régner les droits de ses ayeux ?
Qu'importe que le jour soit éteint pour ses yeux ?
Il en reste un plus pur dont il verra la flamme ;
Et ce jour qui lui manque, il l'aura dans son ame.

Le Roi.

De ta vertu, vieillard, mon cœur est pénétré.
Hé bien ! vis près d'Arthur, n'en sois plus séparé.
Cette femme, à tous deux prodiguant sa tendresse,
Va servir son enfance & servir ta vieillesse.

Kermadeuc.

C'est du moins un bienfait que je tiendrai de vous.
Nos malheurs réunis pèseront moins sur nous.
Nous mourrons tous ici, nos vœux vous le demandent.

Le Roi.

Non, vous n'y mourrez point, d'autres lieux vous
    attendent.
Vous y pourrez tous trois consoler vos douleurs.

Constance, *sous le nom d'Adèle.*

Où doit-on nous conduire ?

Le Roi.

A Pomfret.

Constance, *sous le nom d'Adèle.*

Ciel ! je meurs.

Le Roi.

D'où lui vient, cher Hubert, cette pâleur mortelle ?
Je ne sais, mes soupçons se sont tournés sur elle.

Hubert.

Le seul nom de Pomfret a produit sa terreur.
Ce nom chez les Anglois fut toujours en horreur.
L'habitude à ces lieux attache sa misère.
Elle est foible, crédule, & de plus, elle est mère,
Et le cœur d'une mère est si prompt à trembler !

Le Roi.

Femme, je plains ton fort & veux te confoler.
Sois libre, oublie enfin les douleurs qu'il te coûte;
Va retrouver ton fils.

Constance, *fous le nom d'Adèle.*

Il ne vit plus, fans doute.

Le Roi.

Peux-tu délibérer? Hé quoi! de ta prifon
Crains-tu donc de fortir?

Constance, *fous le nom d'Adèle.*

Dans mon trifte abandon;
A mes fers, à ces murs, je fuis accoutumée;
Et mon ame à l'efpoir pour jamais eft fermée.

Le Roi.

C'en eft trop: dans mes mains remettez cet enfant.

Constance, *fous le nom d'Adèle.*

Ne me l'enlevez pas!

Le Roi.

Ciel! qu'entends-je?

Constance, *fous le nom d'Adèle.*

O tourment!

Le Roi.

Enfant, femme, vieillard, ici tout eft complice.
Je le veux, je l'ordonne. Hubert, qu'on le faififfe.

Hubert.

Madame, au nom des cieux, ne le retenez pas.

CONSTANCE, *sous le nom d'Adèle.*

Il faudra, tout sanglant, l'arracher de mes bras.

HUBERT.

Le roi veut...

CONSTANCE, *sous le nom d'Adèle.*

Non, jamais.

HUBERT.

Redoutez sa colère.

Lui arrachant l'enfant avec violence.

Il veut être obéi.

ARTHUR.

Il s'échappe des mains d'Hubert; il
reste sans guide, éperdu, les bras levés
vers le ciel, ne sachant où se jeter.

Ciel! où suis-je? Ah, ma mère!

LE ROI.

Sa mère !

CONSTANCE.

Oui, je la suis, il tient de moi le jour.
C'est Arthur, c'est mon sang, l'objet de mon amour.
Mais vous, Hubert, mais vous, qui preniez sa défense,
Vous m'arrachez mon fils, vous trahissez Constance ;
Vous servez, sans rougir, un tyran furieux
Qui par un fer brûlant vient d'outrager ses yeux.
J'ai tout su par vous seul.

LE ROI.

Tu me trompois, parjure!

HUBERT.

Oui, je servois le ciel, l'honneur & la nature,
La veuve d'un héros, le fils de Godefroi.
Dans quel état, barbare, as-tu réduit mon roi !

Enfant, à qui le ciel prodigua tant de charmes,
Pour la dernière fois, sois baigné de mes larmes.
Voilà, voilà ta mère ! Ah ! vois-tu, malheureux,
Ces voûtes s'indigner à ton aspect affreux,
Ces pierres, ces anneaux, moins durs que tes entrailles,
S'élever contre toi du sein de ces murailles ?
Non : je n'invoque plus, pour payer tes forfaits,
Cette foudre qui gronde & ne punit jamais.
Cieux ! frappez les tyrans par un autre tonnerre !
Du sort de cet enfant instruisez l'Angleterre !
Qu'à ce bruit, chaque mère, au lieu de s'affliger,
Croie avoir, sur lui seul, un enfant à venger !
Pour déchirer tes yeux par un juste supplice,
Qu'un fer entre leurs mains éteincelle & rougisse !
Ou plutôt, que tes yeux, de ton ombre alarmés,
Ne se r'ouvrent jamais par la terreur fermés !
Règne, mais en tremblant, muet, pâle, immobile,
Rampant sous ces cachots pour chercher un asile ;
Séchant, mourant enfin de l'éternel effroi
Que réserva le ciel aux tyrans tels que toi !

L E R O I.

Holà, soldats, à moi !

SCENE QUATORSIEME.

CONSTANCE, HUBERT, ARTHUR,
LE ROI, KERMADEUC, NÉVIL,
SOLDATS.

L E R O I.

En montrant Hubert & Kermadeuc.

N ÉVIL, qu'on les saisisse !

En montrant Hubert.   *En montrant Hubert & Kerm.*

Commandez à sa place & hâtez leur supplice.

A Constance & à son fils. Aux soldats.

Vous, restez dans ces lieux ; & qu'ils n'en sortent pas.

A part.

J'ai maintenant sur-tout besoin de leur trépas.

Il lui parle à l'oreille.

On vient. Névil, écoute.

SCENE QUINZIEME.

CONSTANCE, ARTHUR, LE ROI; NÉVIL, SOLDATS, UN OFFICIER.

L'OFFICIER.

au roi.

ON crie, on court aux armes.
Le peuple est en fureur, la ville est en alarmes.
On veut sauver Arthur.

LE ROI.

à Névil.

Il suffit. Viens, suis-moi.
Névil, je vais combattre, & je compte sur toi.

Il sort d'un côté, & Névil de l'autre.

SCENE SEIZIEME.
CONSTANCE, ARTHUR.

ARTHUR.

ON me laisse avec vous.

CONSTANCE.

Ah ! ce ciel que j'implore
Me permet donc, mon fils, de t'embrasser encore !
Mais le roi (j'en frémis) de quelque ordre secret
Vient de charger Névil, c'est sans doute un forfait.

Dieu nous laifferoit-il tous les deux fans défenfe ?

A R T H U R.

Eh ! qui de fes décrets peut avoir connoiffance ?

C O N S T A N C E.

Il nous protégera.

A R T H U R.

Mais s'il ne le fait pas !
S'il avoit dans ce lieu marqué notre trépas !

C O N S T A N C E.

O mon fils !

A R T H U R.

Faut-il donc en fentir tant d'alarmes !
La mort finit nos maux, la mort tarit nos larmes.
Je bénis ces cachots où je fus enfermé.
A l'attendre du moins ils m'ont accoutumé.
Ma mère, dites-moi : Dieu près de lui raffemble
Tous les cœurs vertueux, trop heureux d'être enfemble.
S'il me place en ce jour, avec vous, dans les cieux,
Pour vous revoir encor me rendra-t-il mes yeux ?

SCENE DIX-SEPTIEME.

CONSTANCE, ARTHUR, KERMADEUC.

K E R M A D E U C.

Venez, fuivez mes pas. Nos foldats en furie
Au perfide Névil ont arraché la vie.
Hubert s'eft joint au peuple, Hubert combat pour vous.
Le tyran eft vaincu, ne craignez plus fes coups.
Nous l'avons défarmé. C'eft en vain, dans fa rage,

Qu'il cherchoit, dans la foule, à s'ouvrir un passage.
Le peuple, le soldat accablent tour-à-tour
Ce tigre frémissant qu'on entraîne à la tour.
Venez braver aussi ce tyran qu'on abhorre;
Montrez-lui votre fils, puisqu'il respire encore.
Tous les deux, sans péril, vous pouvez l'approcher.
Ne fuyez plus.

C O N S T A N C E.

Moi fuir ! ah ! je cours le chercher.
Sortons, volons.

Elle se précipite avec son fils sur les pas de Kermadeuc.

SCENE DIX-HUITIEME.

UN OFFICIER.

O jour de douleur & de joie !
Constance! Arthur! Venez. C'est Hubert qui m'envoie.
Mais je les cherche en vain. Que sont-ils devenus?

SCENE DIX-NEUVIEME.

L'OFFICIER, HUBERT.

L'OFFICIER.

Avec le transport de la joie & de la confiance.

JE le vois, cher Hubert, on nous a prévenus.
Eh! qui ne brigueroit la douceur & la gloire
D'apprendre à la vertu l'instant de sa victoire ?

H U B E R T.

La gloire en est au ciel.

L'OFFICIER.

Et le bonheur pour vous.
Goûtez, goûtez enfin un triomphe si doux.

Oui, vous sauvez Arthur, sa mère, tout l'empire.
C'est le ciel qu'on bénit, c'est Hubert qu'on admire.
Voyez-vous ce tyran? Le peuple, les soldats,
Les mères en fureur accompagnent ses pas.

SCENE VINGTIEME & dernière.

UN OFFICIER, HUBERT, LE ROI, KERMADEUC, SOLDATS, PEUPLE.

HUBERT.

Au roi.

HÉ bien, tyran, hé bien! le ciel punit tes crimes.
Et du moins à tes coups j'arrache deux victimes.

LE ROI.

En montrant les corps de Constance & d'Arthur.

Les voici toutes deux. Ma main, ma propre main

En montrant le poignard sanglant qu'on vient de lui arracher, & qui est entre les mains d'un soldat.

De ce poignard caché leur a percé le sein.

HUBERT.

Barbare!

KERMADEUC.

Qu'as-tu fait?

HUBERT.

A Kermadeuc.

Point de cris, point de larmes

En retenant le peuple & le soldat qui font un mouvement vers le roi.

Anglois, dans son vil sang ne souillez point vos armes!

au roi.

Tigre , es-tu satisfait ? Vois-tu ces corps sanglans ,
Massacrés par ta main , l'un sur l'autre expirans ?
Vois-tu ce jeune enfant qu'embrasse encor sa mère,
Et ses yeux où ta rage éteignit la lumière ?
Tu ne l'as pas voulu , mon Dieu, que cette croix
Par qui ce noble enfant t'implora tant de fois,
M'aidât à le sauver des mains de ce barbare !
Hélas ! il eût montré la vertu la plus rare ;
Il eût été prudent , juste , intrépide , humain ;
L'état n'eût point gémi sous son sceptre d'airain.
Dieu d'un si cher trésor a privé l'Angleterre ,
Et pour le rendre au ciel , il l'enlève à la terre.
J'adore ses desseins , qu'il soit béni ! Mais , toi ,
Le moment est marqué , tyran, pâlis d'effroi.
Tu voudras jusqu'au bout te livrer à ta rage ,
Et régner, comme un tigre , au milieu du carnage.
Mais Dieu t'a réservé le plus affreux trépas ;
Et tes soins prévoyans ne t'en sauveront pas.
Je vois , je vois déja de ta bouche perfide
S'approcher le breuvage & la coupe homicide.
J'entends déja tes cris. Tu sentiras soudain
Tous les maux des enfers rassemblés dans ton sein,
Tous ces poisons vengeurs , d'accord pour te détruire ,
Et le feu qui dévore , & le fer qui déchire.
Dans ton sein entrouvert , de tes mains arraché ,
Par ces poisons brûlans ton cœur sera séché ;
Il paroîtra, ce cœur , sous l'œil de tes victimes
Que par-tout sous ces murs entassèrent tes crimes.
Tous ces manes sanglans , sortis de leurs tombeaux ,
Viendront, près de ton lit, contempler tes lambeaux ;
Et dans ce même instant où ton effroi commence ,
L'éternel sur tes pas a placé sa vengeance.

La toile tombe.

FIN DU TROISIÈME ET DERNIER ACTE.